Impressum
Verlag: BABADADA GmbH, Nedderfeld 112 , 22529 Hamburg
Geschäftsführer / Verlagsleitung: Harald Hof
Druck: Books on Demand GmbH, In de Tarpen 42, 22848 Norderstedt

Imprint
Publisher: BABADADA GmbH, Nedderfeld 112 , 22529 Hamburg, Germany
Managing Director / Publishing direction: Harald Hof
Print: Books on Demand GmbH, In de Tarpen 42, 22848 Norderstedt

škola

escola

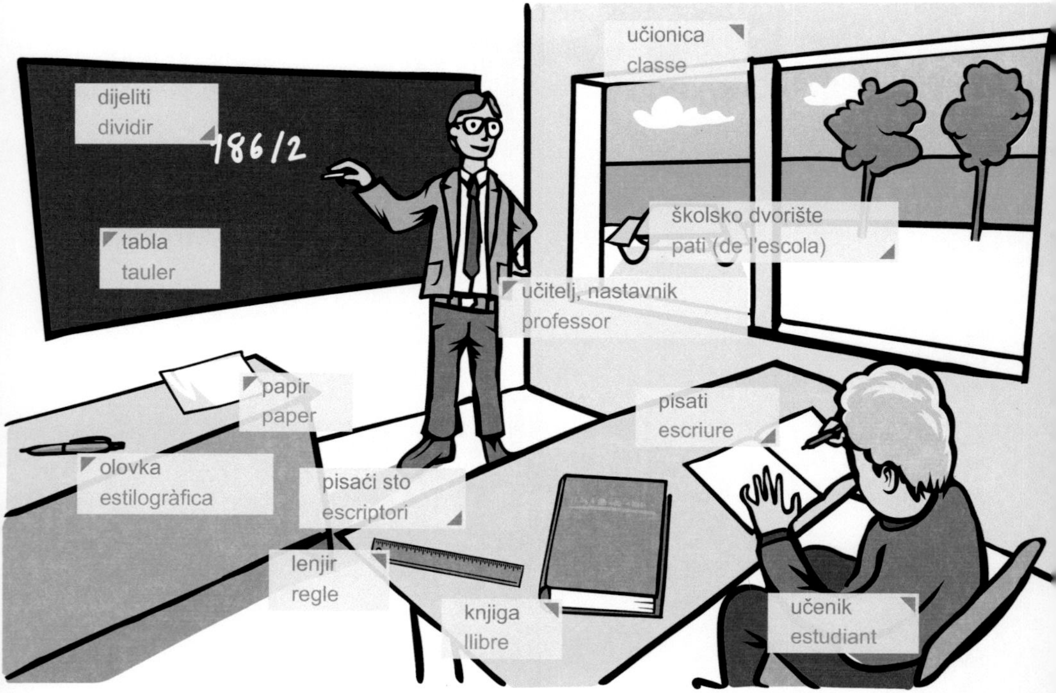

učionica
classe
dijeliti
dividir
186/2
tabla
tauler
školsko dvorište
pati (de l'escola)
učitelj, nastavnik
professor
papir
paper
pisati
escriure
olovka
estilogràfica
pisaći sto
escriptori
lenjir
regle
knjiga
llibre
učenik
estudiant

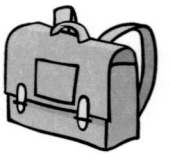

torba
bossa

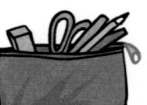

pernica
estoig

drvena olovka
llapis

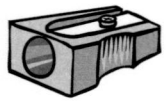

šiljalo za olovke
maquineta de fer punta

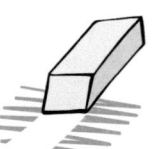

gumica
goma

blok za crtanje
bloc de dibuix

crtež

dibuix

kist

pinzell

kutija s bojama

capsa de pintures

makaze

tisores

ljepilo

cola

vježbanka

quadern d'exercicis

domaća zadaća

deures

broj

nombre

sabirati

afegir

oduzimati

sostreure

množiti

multiplicar

računati

calcular

slovo

lletra

abeceda

alfabet

riječ

mot

tekst

text

čitati

llegir

kreda

guix

sat

lliçó

školski dnevnik

llibre de classe

ispit

examen

svjedočanstvo

certificat

školska uniforma

uniforme escolar

izobrazba

formació

leksikon

enciclopèdia

univerzitet

universitat

mikroskop

microscopi

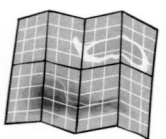

karta

mapa

korpa za papir

paperera

škola - escola

hotel
hotel

hostel
alberg

ROOMS

mjenjačnica
oficina de canvi

EXCHANGE

kofer
maleta

auto
automòbil

jezik

llengua

da / ne

sí / no

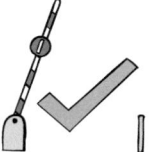

okej

D'acord

zdravo

Ey!

tumač

traductora

hvala

gràcies

Koliko košta...?

Quant costa… ?

Ne razumijem

No entenc

problem

problema

dobro veče!

Bona nit!

Dobro jutro!

bon dia!

Laku noć!

bona nit!

doviđenja

fins aviat

smjer

direcció

prtljag

bagatge

torba

bossa

ruksak

sarrona

gost

convidat

soba

cambra

vreća za spavanje

sac de dormir

šator

tenda

turističke informacije

oficina de turisme

plaža

platja

kreditna kartica

carta de crèdit

doručak

esmorzar

ručak

dinar

večera

sopar

putna karta

bitllet

lift

ascensor

poštanska markica

segell

granica

frontera

carina

duana

ambasada

ambaixada

viza

visat

pasoš

passaport

transport

transport

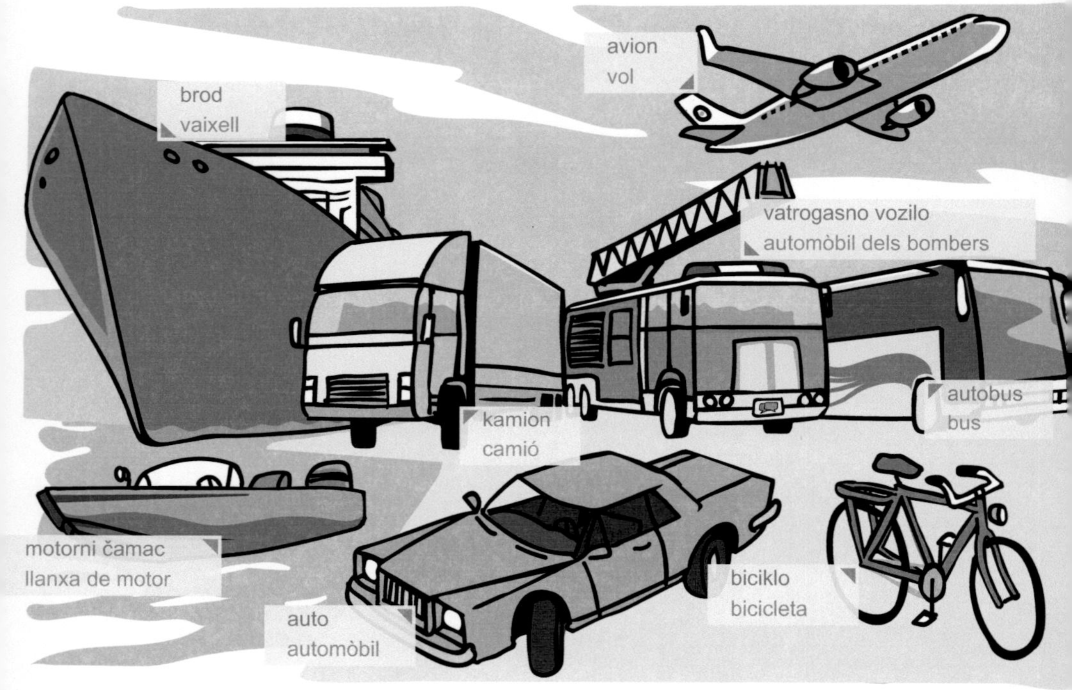
avion
vol
brod
vaixell
vatrogasno vozilo
automòbil dels bombers
autobus
bus
kamion
camió
motorni čamac
llanxa de motor
biciklo
bicicleta
auto
automòbil

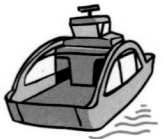

trajekt

transbordador

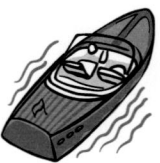

brod

barca

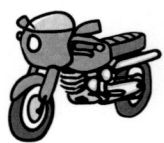

motocikl

moto

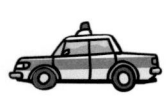

policijski automobil

automòbil de policia

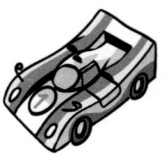

trkaći automobil

automòbil de curses

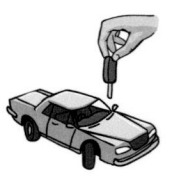

unajmljeni automobil

automòbil de lloguer

kar-šering

vehicle compartit

pauk

grua

smećarsko vozilo

camió de les escombraries

motor

motor

gorivo

benzina

benzinska pumpa

benzineria

saobraćajni znak

senyal de trànsit

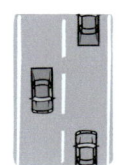

saobraćaj

trànsit

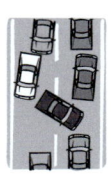

zastoj

embús

parking

aparcament

željeznička stanica

estació de trens

šine

vies

voz

tren

tramvaj

tramvia

vagon

vagó

helikopter

helicòpter

aerodrom

aeroport

toranj

torre

putnik

passatger

kontejner

contenidor

karton

capsa de cartó

tačke

carretó

korpa

cistella

poletjeti / sletjeti

enlairar-se / aterrar

grad

ciutat

selo

poble

centar grada

centre de la ciutat

kuća

casa

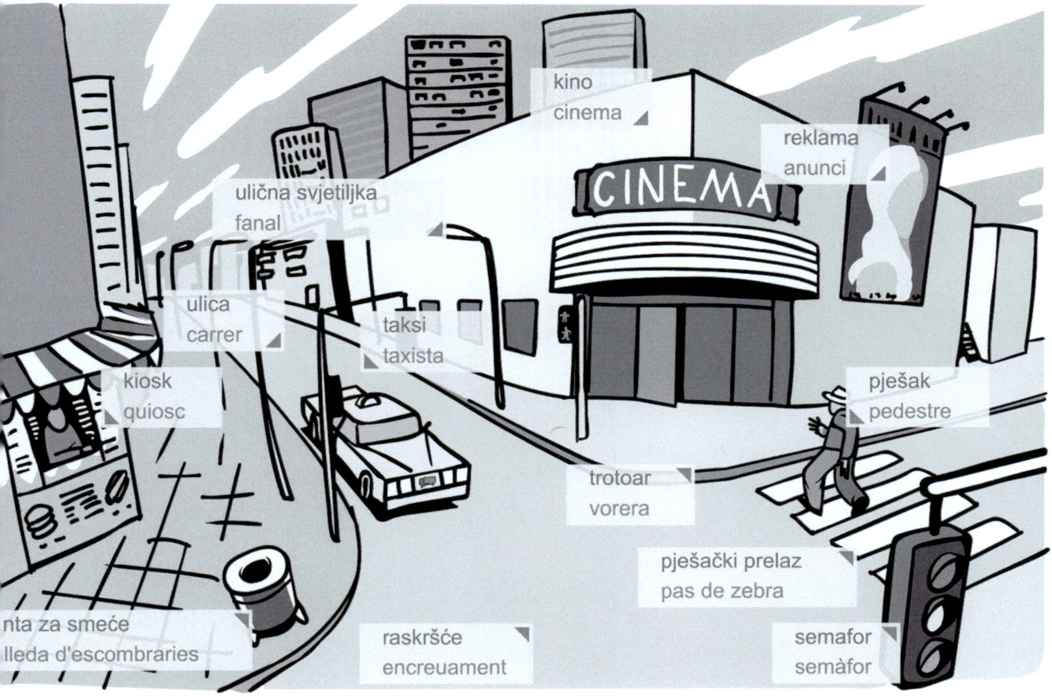

kino
cinema

reklama
anunci

CINEMA

ulična svjetiljka
fanal

ulica
carrer

taksi
taxista

kiosk
quiosc

pješak
pedestre

trotoar
vorera

pješački prelaz
pas de zebra

nta za smeće
lleda d'escombraries

raskršće
encreuament

semafor
semàfor

koliba

cabana

stan

apartament

željeznička stanica

estació de trens

vjećnica

casa de la vila-ciutat

muzej

museu

škola

escola

univerzitet

universitat

banka

banca

bolnica

hospital

hotel

hotel

apoteka

farmàcia

ured

oficina

knjižara

llibreria

radnja

botiga

cvjećara

floristeria

supermarket

supermercat

pijaca

mercat

robna kuća

gran magatzem

prodavač ribe

peixateria

trgovački centar

centre comercial

luka

port

park	klupa	most
parc	banc	pont

stepenice	podzemna željeznica	tunel
escala	metro	túnel
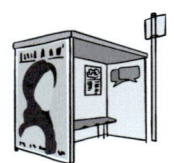		
autobuska stanica	bar	restoran
parada d'autobús	bar	restaurant

poštanski sandučić	saobraćajni znak	sat za naplatu parkinga
bústia de correu	senyal indicador	parquímetre

zoološki vrt	bazen	džamija
zoo	piscina	mesquita

seosko imanje

granja

zagađenje okoline

pol·lució

groblje

cementiri

crkva

església

igralište

parc infantil

hram

temple

krajolik

paisatge

list
fulla

putokaz
cartell indicador

putokaz
camí

livada
prat

kamen
pedra

drvo
arbre

putnik
excursionista

rijeka
riu

trava
gespa

cvijet
flor

dolina

vall

brdo

muntanya

jezero

llac

šuma

bosc

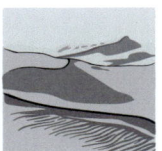

pustinja

desert

vulkan

volcà

dvorac

castell

duga

arc de Sant Martí

gljiva

bolet

palma

palmera

komarac

moscard

muha

mosca

mrav

formiga

pčela

abella

pauk

aranya

krajolik - paisatge

buba

escarabat

žaba

granota

vjeverica

esquirol

jež

eriçó

zec

llebre

sova

òliba

ptica

ocell

labud

cigne

divlja svinja

senglar

jelen

cervo

los

ant

brana

presa

vjetrenjača

turbina

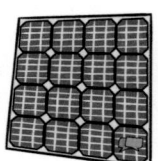

solarni modul

panell solar

klima

clima

krajolik - paisatge

restoran

restaurant

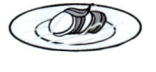

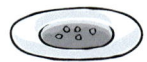

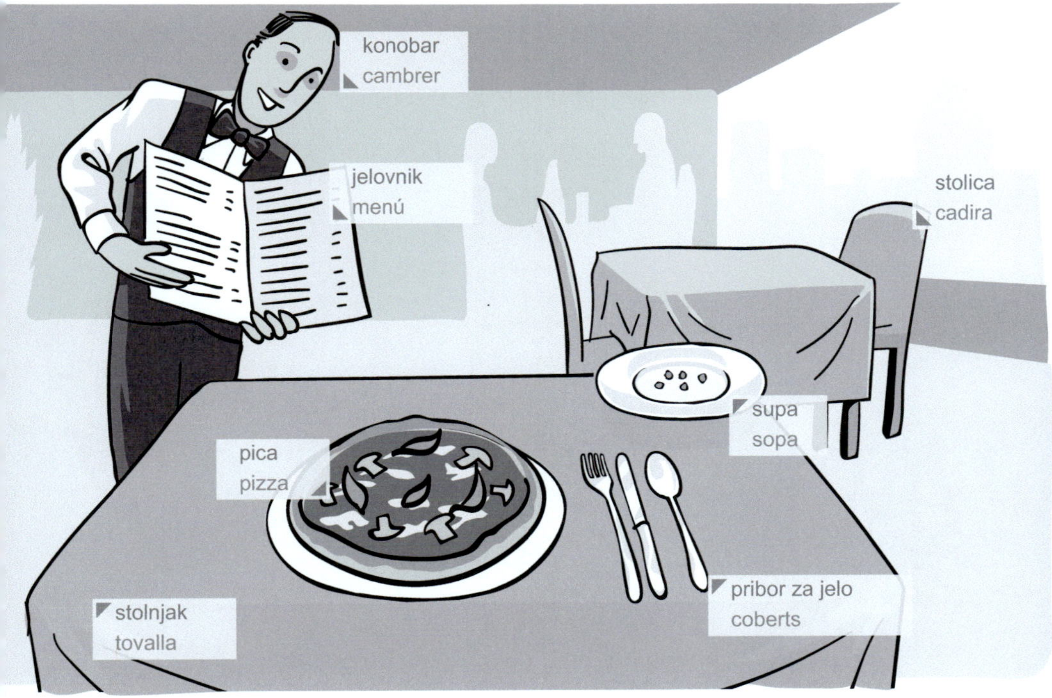
konobar
cambrer
jelovnik
menú
stolica
cadira
supa
sopa
pica
pizza
stolnjak
tovalla
pribor za jelo
coberts

predjelo

primer plat

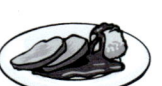

glavno jelo

plat principal

desert

darreries

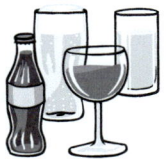

piće

begudes

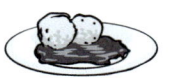

jelo

menjar

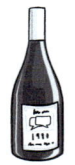

flaša

ampolla

brza hrana

menjar ràpid

jelo sa ulice

menjar de carrer

čajnik

tetera

šećernica

sucrer

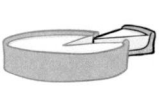

porcija

porció

mašina za espreso

màquina d'espresso

barska stolica

trona

račun

factura

tacna

plata

nož

ganivet

viljuška

forqueta

kašika

cullera

kašičica

cullereta

salveta

tovalló

čaša

got

tanjir

plat

tanjir za supu

plat de sopa

tanjurić

plateret

sos

salsa

solanik

saler

mlin za biber

molinet de pebre

sirće

vinagre

ulje

oli

začini

espècies

kečap

quètxup

senf

mostassa

majoneza

maionesa

supermarket

supermercat

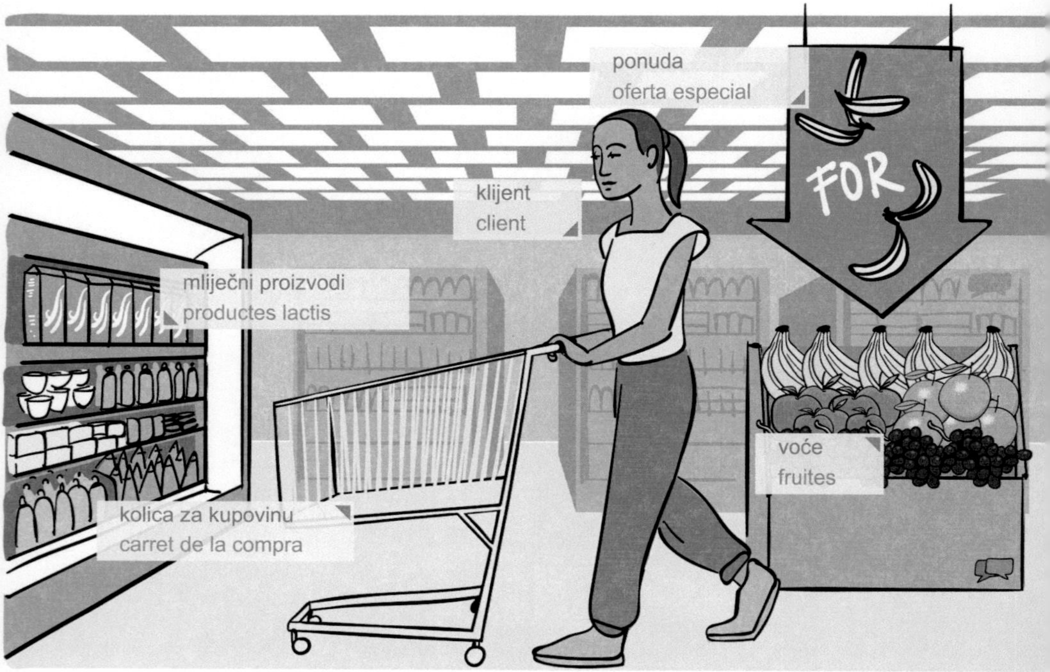

ponuda
oferta especial
FOR
klijent
client
mliječni proizvodi
productes lactis
voće
fruites
kolica za kupovinu
carret de la compra

BUTCHERS

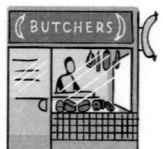

mesnica- klaonica

carnisseria

BAKERY

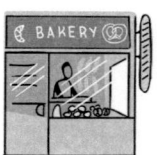

pekara

forn de pa

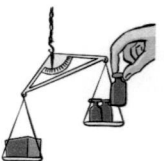

vagati

pesar

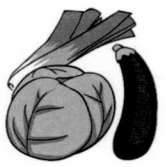

povrće

verdures

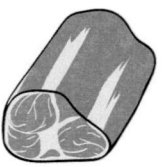

meso

carn

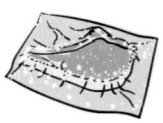

zaleđena hrana

menjar congelat

narezak

carn freda

konzerve

conserves

prašak za veš

detergent en pols

slatkiši

dolços

kućanski proizvodi

articles domèstics

sredstvo za čišćenje

productes de neteja

prodavačica

venedora

kasa

caixa registradora

blagajnik

caixera

lista za kupovinu

llista de la compra

radno vrijeme

horari d'obertura

novčanik

portamonedes

kreditna kartica

carta de crèdit

torba

bossa

najlonska vrećica

bossa de plàstic

voda

aigua

sok

suc

mlijeko

llet

kola

coca-cola

vino

vi

pivo

cervesa

alkohol

alcohol

kakao

cacau

čaj

te

kafa

cafè

espreso

espresso

kapućino

cappuccino

banana

banana

jabuka

poma

narandža

taronja

lubenica

síndria

limun

llimona

mrkva

pastanaga

bijeli luk

all

bambus

bambú

crveni luk

ceba

gljiva

bolet

orašasti plodovi

avellanes

pasta

fideus

špagete

espaguetis

riža

arròs

salata

amanida

pomfrit

patates fregides

pečeni krompir

patates fregides

pica

pizza

hamburger

hamburguesa

sendvič

entrepà

šnicla

escalopa

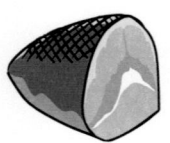

šunka

cuixot

kobasica

salami

kobasica

salsitxa

kokoš

pollastre

pečenje

rostit

riba

peix

zobene pahuljice

flocs de civada

muzli

musli

kornfleks

cereals

brašno

farina

kroason

croissant

zemičke

panet

kruh

pa

tost

torrada

keksi

bescuits

maslac

mantega

svježi sir

mató

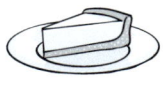

kolač

pastís

jaje

ou

jaje na oko

ou fregit

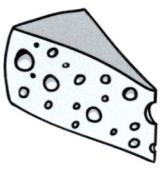

sir

formatge

sladoled

gelat

šećer

sucre

med

mel

marmelada

melmelada

nugat krema

crema de xocolata

kuri

curri

seosko imanje
granja

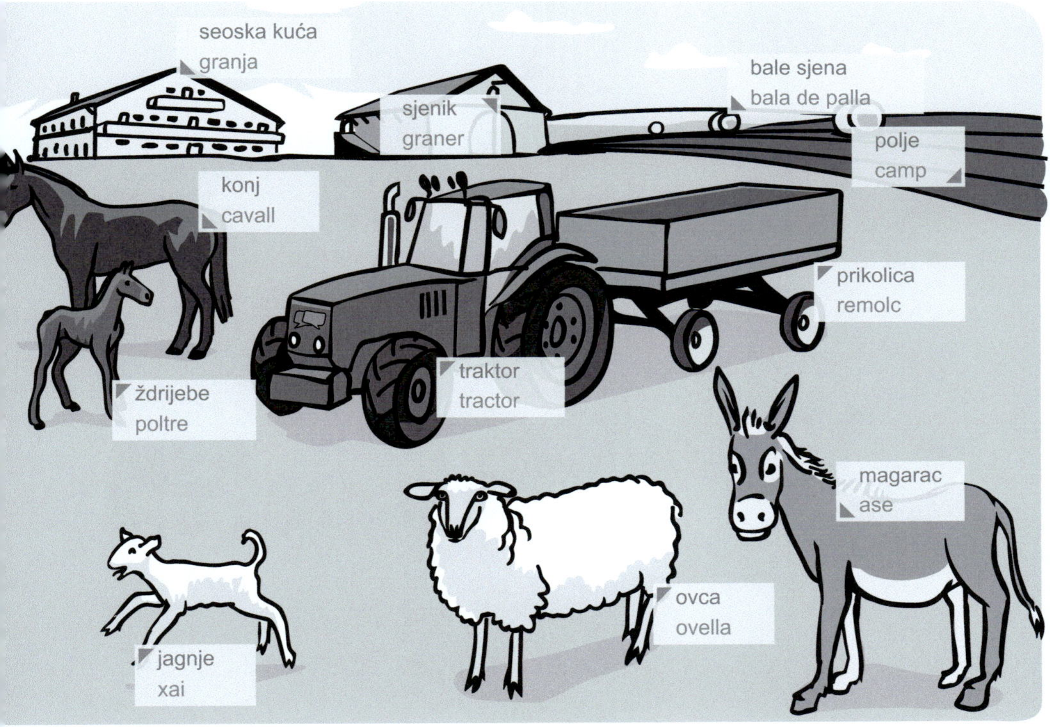
seoska kuća
granja
sjenik
graner
bale sjena
bala de palla
polje
camp
konj
cavall
prikolica
remolc
traktor
tractor
ždrijebe
poltre
magarac
ase
ovca
ovella
jagnje
xai

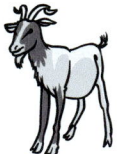

koza
cabra

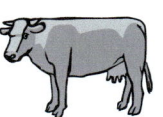

krava
vaca

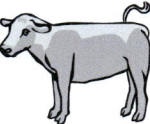

tele
vedella

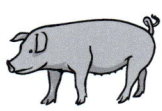

svinja
porc

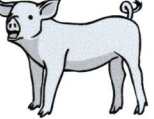

prase
garrí

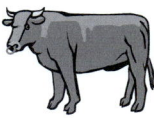

bik
bou

guska
oca

patka
ànec

pile
poll

kokoška
gall

pjetao
gallina

pacov
rata

mačka
gat

miš
ratolí

vol
bou

pas
gos

pseća kućica
gossera

crijevo za baštu
mànega de regar

kanta za zalijevanje
regadora

kosa
dalla

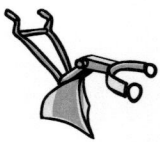

plug
arada

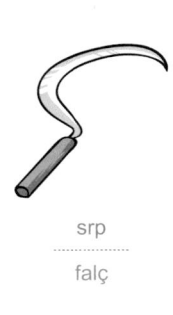

srp

falç

motika

aixada

vile

forca

sjekira

destral

tačke

carretó

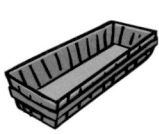

korito

abeurador

bokal za mlijeko

lletera

vreća

sac

ograda

tanca

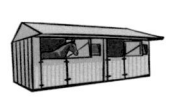

štala

establa

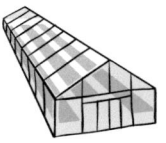

staklenik

hivernacle

tlo

sòl

sjeme

llavor

đubrivo

adob

kombajn

collidora

seosko imanje - granja

29

kositi

collir

žetva

collita

jam korijen

nyam

pšenica

blat

soja

soja

krompir

patata

kukuruz

blat de moro o d'indi

uljana repica

colza

drvo voća

arbre fruiter

manioka

mandioca

žito

cereals

dimnjak
fumera

krov
teulada

oluk
canaló

prozor
finestra

garaža
garatge

zvono
campana

vrata
porta

kanta za smeće
galleda de les escombraries

poštanski sandučić
bústia de correu

bašta
jardí

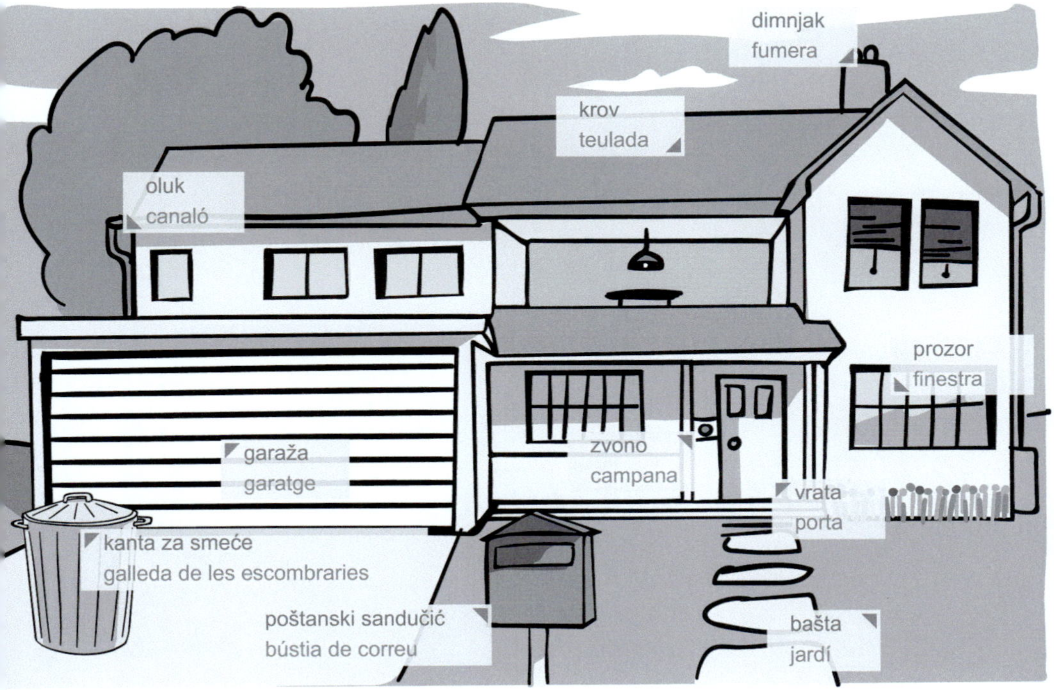

dnevni boravak

sala d'estar

kupatilo

bany

kuhinja

cuina

spavaća soba

cambra de dormir

dječija soba

cambra de nen

trpezarija

menjador

kuća - casa

31

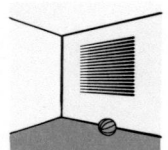

pod, tlo

sòl

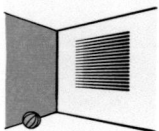

zid

paret

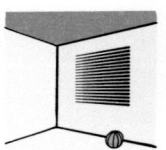

plafon

sostre

podrum

soterrani

sauna

sauna

balkon

balcó

terasa

terrassa

bazen

piscina

kosilica

tallagespa

posteljina

vànova

pokrivač

cobrellit

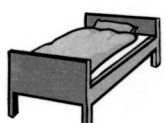

krevet

llit

metla

escombra

kanta

galleda

prekidač

interruptor

dnevni boravak
sala d'estar

tapeta
paper de paret
fotografija
quadre
lampa
làmpada
polica
prestatge
ormar
armari
televizija
televisor
dimnjak
escalfapanxes
cvijet
flor
jastuk
coixí
kauč
sofà
vaza
gerro
daljinski upravljač
telecomanda

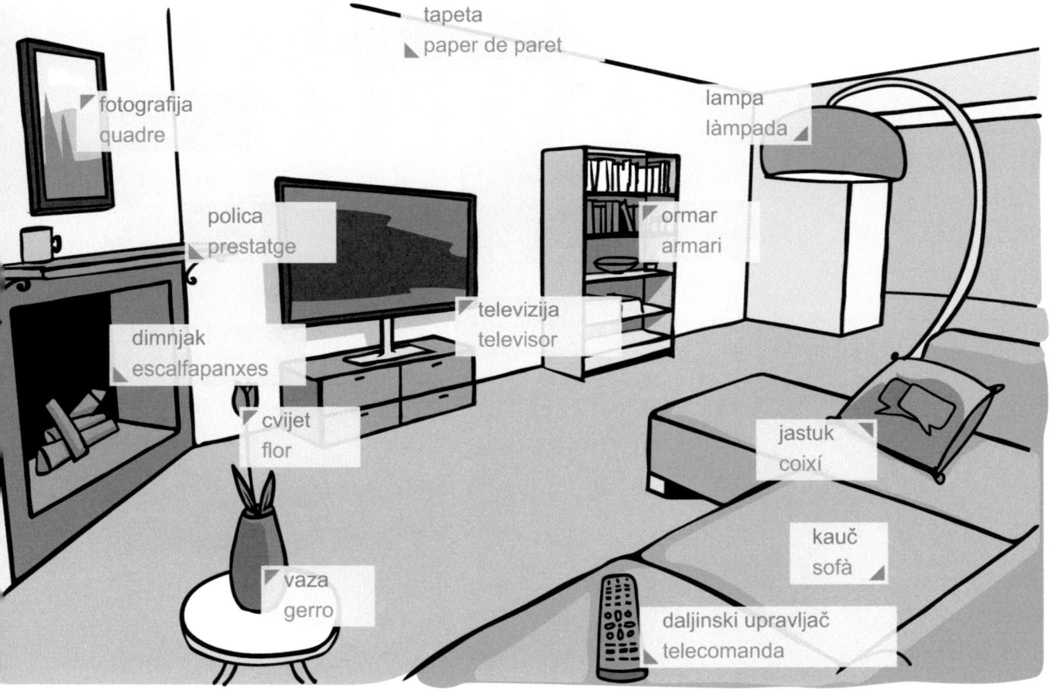

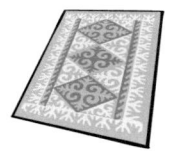

tepih

catifa

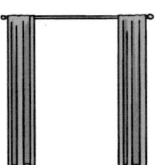

zavjesa

cortina

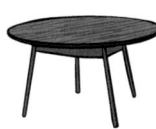

stol

taula

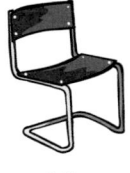

stolica

cadira

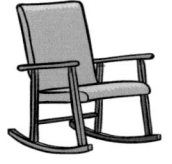

stolica za ljuljanje

cadira gronxadora

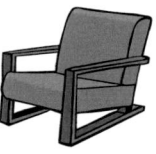

fotelja

cadiral

knjiga

llibre

deka

llençol

dekoracija

decoració

ložno drvo

llenya

film

film

stereo uređaj

cadena de música

ključ

clau

novine

diari

umjetnička slika

pintura

poster

cartell

radio

ràdio

blok za bilješke

bloc de notes

usisavač

aspiradora

kaktus

cactus

svijeća

candela

kuhinja
cuina

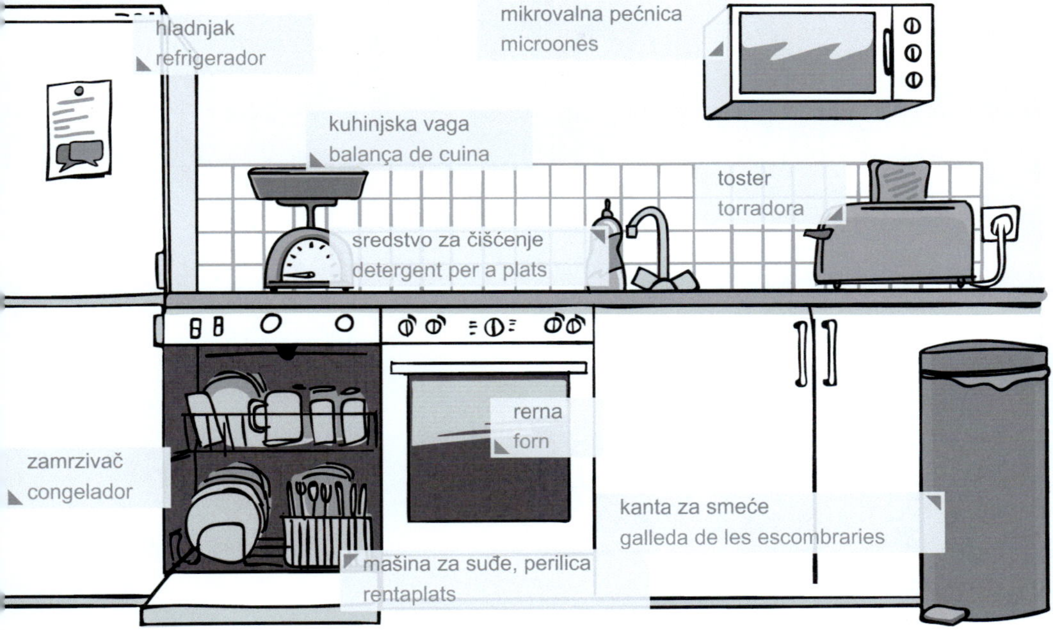
hladnjak
refrigerador
mikrovalna pećnica
microones
kuhinjska vaga
balança de cuina
toster
torradora
sredstvo za čišćenje
detergent per a plats
rerna
forn
zamrzivač
congelador
kanta za smeće
galleda de les escombraries
mašina za suđe, perilica
rentaplats

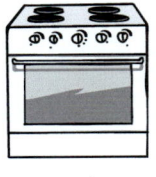

peć
cuina de fogons

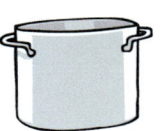

lonac
olla

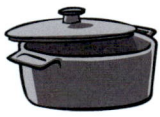

metalni lonac
olla de ferro colat

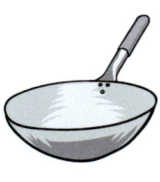

vok / kadai
wok / karahi

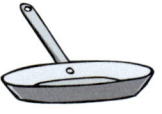

tava, tiganj
paella

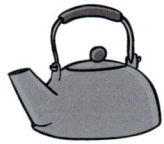

kuhalo
bullidor

aparat za kuhanje na pari

olla de vapor

lim za pečenje

plata de forn

posuđe

vaixella

šalica

tassa grossa

činija

bol

kineski štapići

bastonets xinesos

kutlača

culler

lopatica

espàtula

metlica za snijeg bjelanjca

batedor

sito za kuhanje

colador

sito

sedàs

ribež

ratllador

avan s tučkom

morter

roštilj

barbacoa

ložište

foc a terra

daska

taula de tallar

oklagija

corró

vadičep

llevataps

konzerva

pot de conserva

otvarač za konzerve

obridor

krpe za lonac

agafador

sudoper

aigüera

četka

raspall

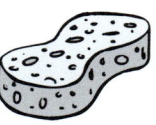

spužva

esponja

mikser

batedora

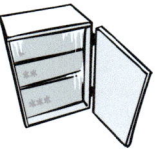

zamrzivač

congelador

flašica za bebu

biberó

slavina

aixeta

kupatilo
bany

grijanje
calefacció
peškir
tovallola
tuš
dutxa
zavjesa za tuš
cortina de dutxa
pjenušava kupka
bany de bombollles
kada
banyera
čaša
got
mašina za veš
rentadora
slavina
aixeta
pločice
rajoles
dječja kahlica
orinal
sudoper
aigüera

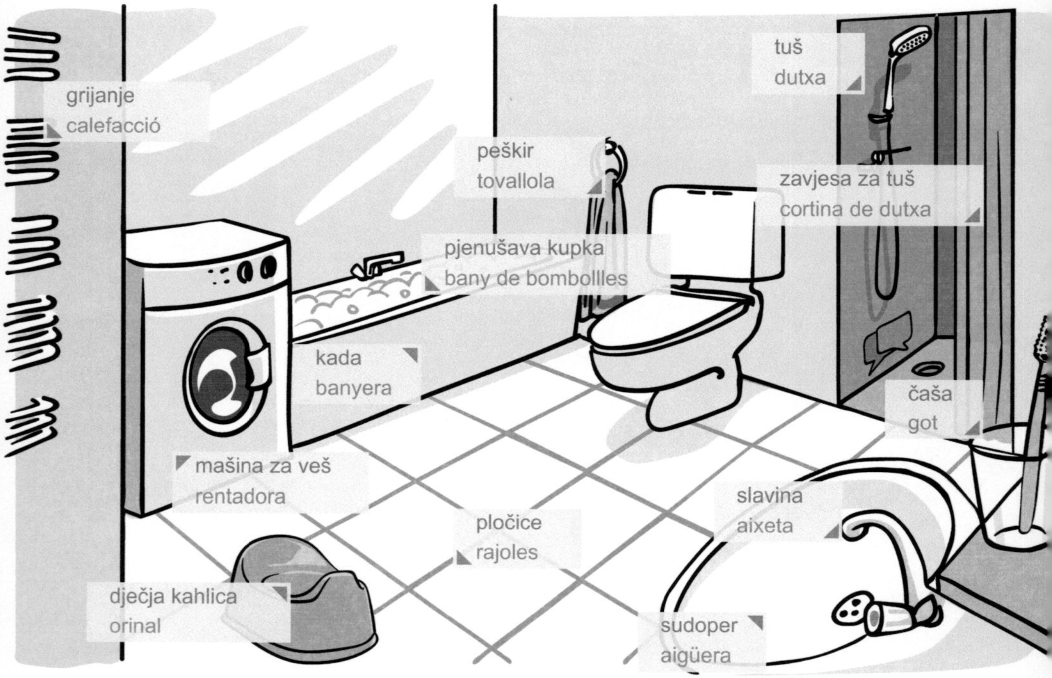

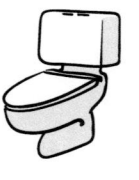

toalet

lavabo

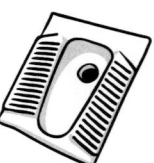

čučavac

lavabo turc

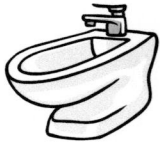

bide

bidet

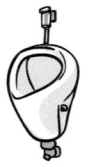

pisoar

orinador

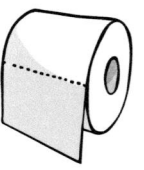

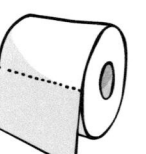

toalet papir

paper higiènic

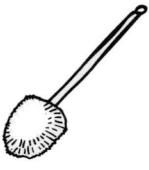

četka za wc

escombreta de sanitari

četkica za zube

raspall de dents

pasta za zube

pasta de dents

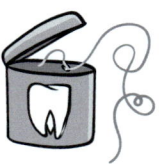

zubni konac

fil dental

prati

rentar

tuš

pom de dutxa

intimni tuš

dutxa íntima

lavor

rentamans

četka za leđa

raspall per a l'esquena

sapun

sabó

gel za tuširanje

gel de dutxa

šampon

xampú

krpe za pranje

manyopla de bany

odvod

bonera

krema

crema

dezodorans

desodorant

ogledalo

mirall

ogledalo za šminkanje

mirall-espill de mà

brijač

maquineta de rasar

pjena za brijanje

espuma de barbejar

vodica poslije brijanja

loció post-rasada

češalj

pinta

četka

raspall

fen

eixugador

sprej za kosu

laca

puder

maquillatge

karmin

pintallavis

lak za nokte

esmalt d'ungles

vata

cotó

makazice za nokte

tallaungles

parfem

perfum

kozmetička torbica

estoig de bellesa

hoklica

tamboret

vaga

bàscula

kupaći ogrtač

barnús

rukavice za čišćenje

guants de goma

tampon

compresa higiènica

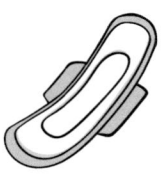

uložak za dame

compresa

hemijski toalet

sanitari químic

dječija soba
cambra de nen

budilnik
despertador
plišana igračka
animal de peluix
auto za igru
auto de joguina
zvečka
sonall
kućica za lutke
casa de nines
poklon
present

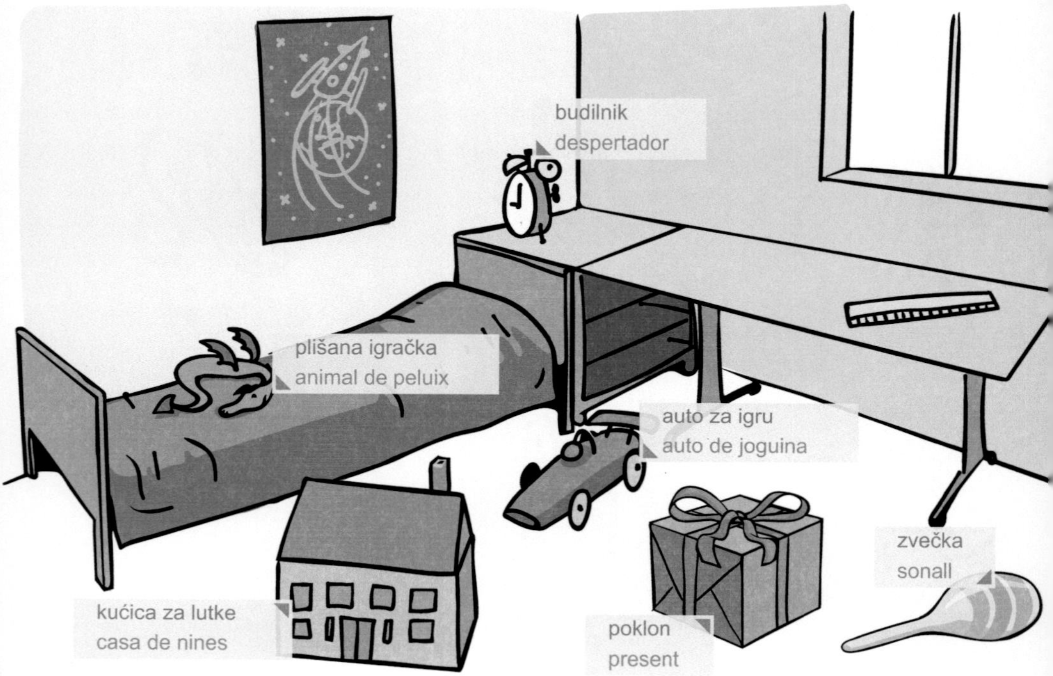

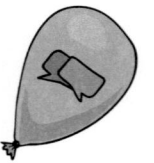

balon

baló

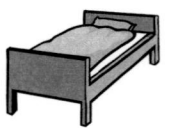

krevet

llit

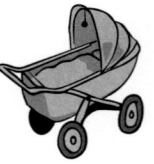

kolica za djecu

cotxet per a nens

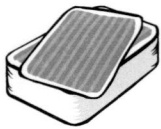

karte za igranje

joc de cartes

puzle

trencaclosca

SUPER
MEGA

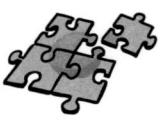

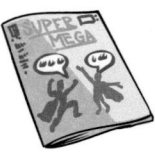

strip

historieta

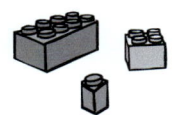

lego kockice

peces de lego

kockice za gradnju

peces de construcció

akcione figure

ninot d'acció

benkica

granota

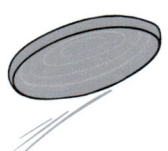

frizbi

frisbee

mobile

mòbil per a bressol

igra na ploči

joc de taula

kocka

daus

miniatura željeznice

tren elèctric

cucla

xumet

zabava

festa

slikovnica

llibre de dibuixos

lopta

pilota

lutka

nina

igrati

jugar

pješćanik

sorrera

ljuljačka

gronxador

igračke

joguines

konzola za igru

consola de jocs de vídeo

triciklo

tricicle

medvjedić

osset de peluix

ormar

armari

kratke čarape

mitjons

čarape

mitges

hulahopke

mitja pantaló

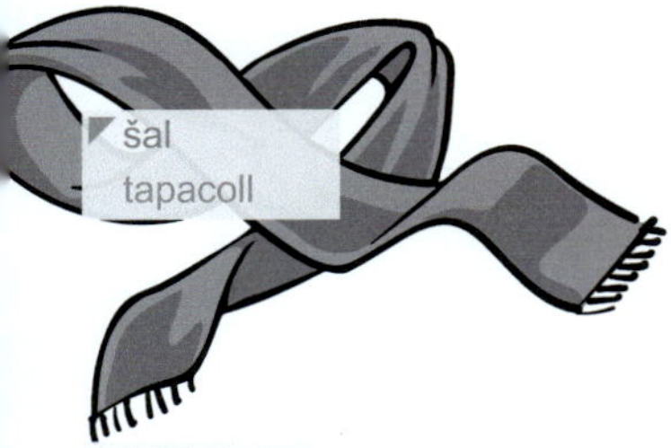

šal
tapacoll

kaiš
cintura

kišobran
paraigua

majica kratkih rukava
camiseta

patike
sabates d'esport

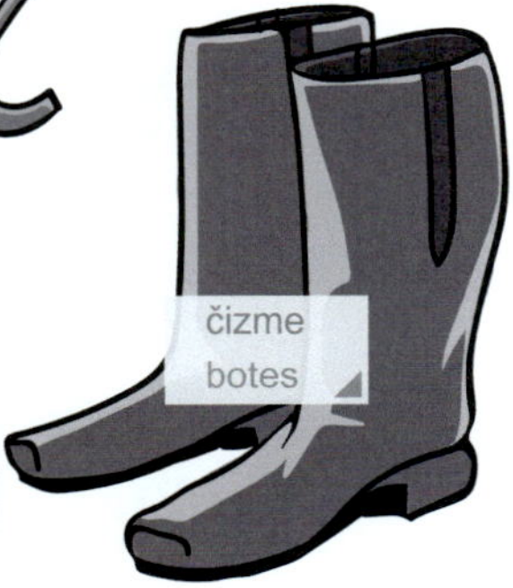

čizme
botes

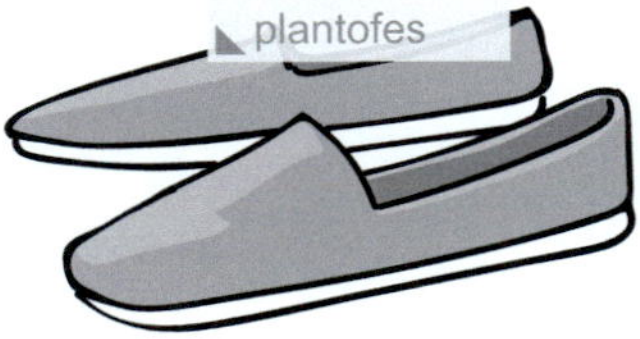

papuče
plantofes

sandale
sandàlies

cipele
sabates

gumene čizme
botes de goma

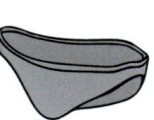

gaće
calçonets

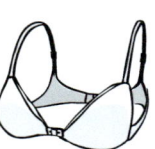

grudnjak
sostenidor

potkošulja
guardapits

bodi
jjustacòs

hlače
pantalons

farmerke
jeans

suknja
faldeta

bluza
brusa

košulja
camisa

džemper
jersei

majica
dessuadora

sako
blazer

jakna
jaqueta

mantil
mantell

kišni mantil
impermeable

kostim
vestit de dona

haljina
vestit de dona

vjenčanica
vestit de núvia

odijelo

vestit d'home

spavaćica

camisa de dormir

pidžama

pijama

sari

sari

marama

mocador de cap

turban

turbant

burka

burca

kaftan

caftan

abaja

abaia

kupaći kostim

vestit de bany

kupaće gaće

calçon(et)s de bany

kratke hlače

pantalons curts

trenerka

xandall

pregača

davantal

rukavice

guants

dugme

botó

naočare

ulleres

narukvica

braçalet

ogrlica

collaret

prsten

anell

naušnica

orellera

kapa

casquet

vješalica

penjador

šešir

capell

kravata

corbata

patentni zatvarač

cremallera

kaciga

casc

tregeri za hlače

elàstics

školska uniforma

uniforme escolar

uniforma

uniforme

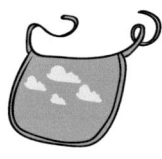

podbradak

pitet

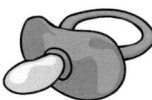

cucla

xumet

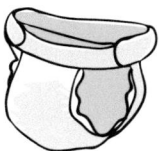

pelene

bolquer

ured

oficina

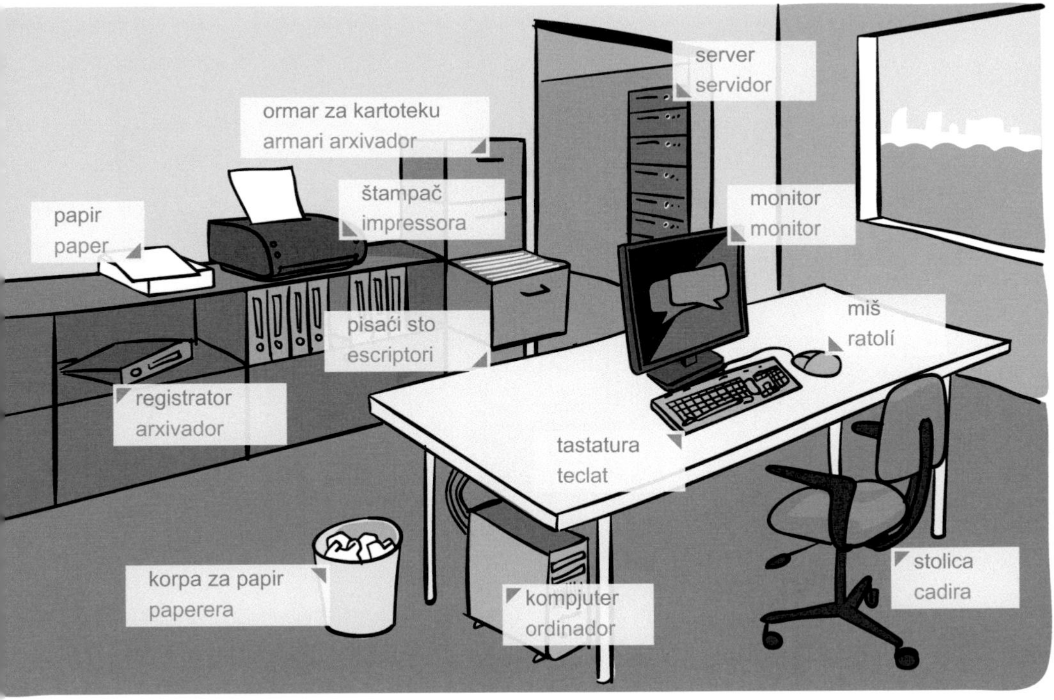
server
servidor
ormar za kartoteku
armari arxivador
štampač
impressora
papir
paper
monitor
monitor
miš
ratolí
pisaći sto
escriptori
registrator
arxivador
tastatura
teclat
korpa za papir
paperera
kompjuter
ordinador
stolica
cadira

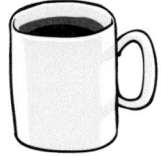

šolja za kafu

tassa de cafè

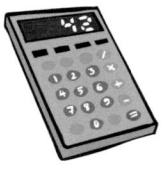

kalkulator

calculadora

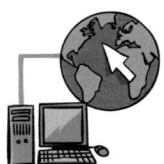

internet

Internet

laptop

ordinador portàtil

pismo

lletra

poruka

missatge

mobilni telefon

mòbil

mreža

xarxa

aparat za kopiranje

fotocopiadora

softver

programari

telefon

telèfon

utičnica

presa de corrent

faks

fax

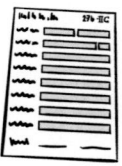

formular

formulari

dokument

document

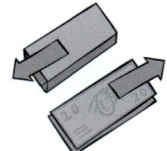

kupovati

comprar

platiti

pagar

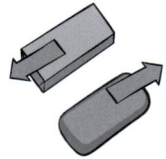

trgovati

comerciar

novac

diners

dolar

dòlar

euro

euro

jen

ien

rublja

ruble

franak

franc suís

renminbi jen

renminbi

rupi

rupia

bankomat

caixa automàtica

mjenjačnica

oficina de canvi

zlato

or

srebro

argent

nafta

petroli

energija

energia

cijena

preu

ugovor

contracte

porez

impost

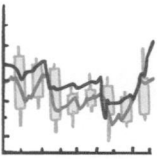

akcija

acció

raditi

treballar

službenik

treballador

poslodavac

empresari

fabrika

fàbrica

radnja

botiga

zanimanja
oficis

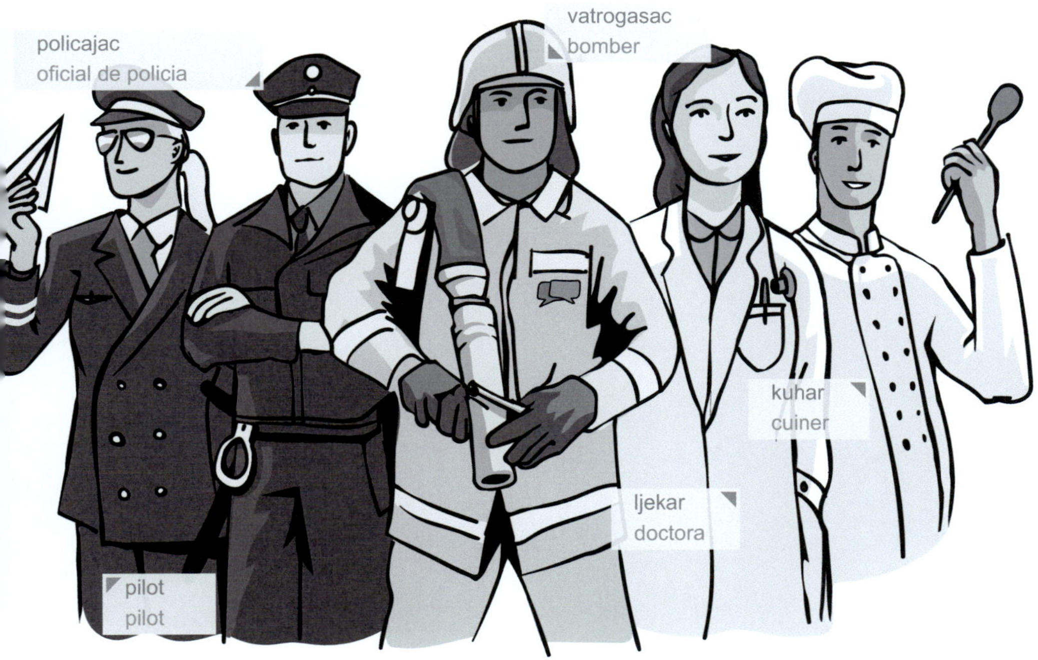
vatrogasac
bomber
policajac
oficial de policia
kuhar
cuiner
ljekar
doctora
pilot
pilot

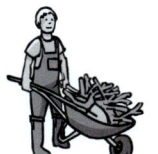

baštovan

jardiner

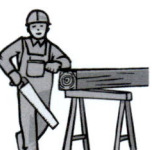

stolar

fuster

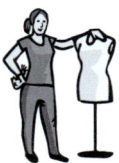

krojačica

costurera

sudija

jutge

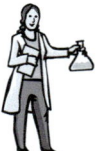

hemičar

química

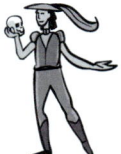

glumac

actor

vozač autobusa

conductor d'autobús

vozač taksija

taxista

ribar

pescador

čistačica

dona de la neteja

krovopokrivač

ensostrador

konobar

cambrer

lovac

caçador

moler

pintor

pekar

forner

električar

electricista

građevinski radnik

obrer de la construcció

inženjer

enginyer

koljač

carnisser

limar, vodoinstalater

llanterner

poštar

correu

vojnik

soldat

arhitekta

arquitecte

blagajnik

caixera

cvjećar

florista

frizer

perruquer

kontrolor

revisor

mehaničar

mecànic

kapiten

capità

zubar

dentista

naučnik

científic

rabin

rabí

imam

imam

monah

monjo

sveštenik

capellà

alat

eines

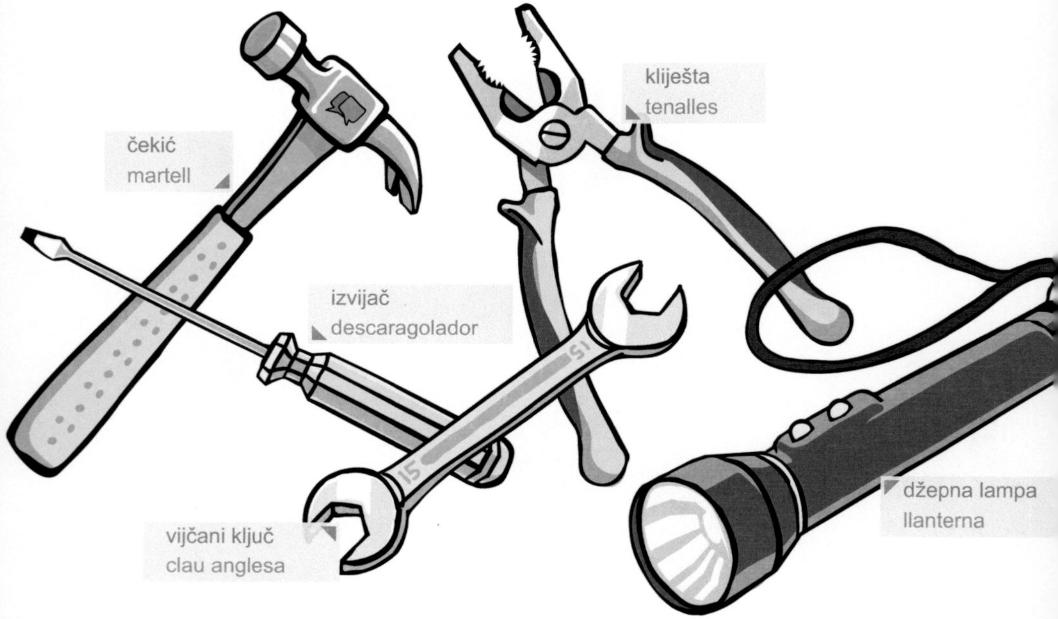

čekić
martell
kliješta
tenalles
izvijač
descaragolador
vijčani ključ
clau anglesa
džepna lampa
llanterna

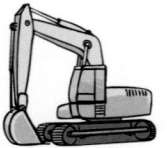

bager

excavadora

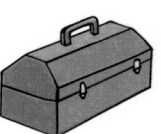

kutija sa alatom

caixa d'eines

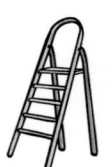

ljestve

escala

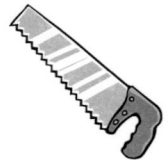

testera, pila

serra

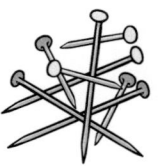

ekser

claus

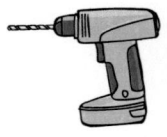

bušilica

trepant

popraviti

reparar

lopata

pala

sranje!

Maleït siga!

lopatica

pala

kanta boje

pot de pintura

vijak

caragols

muzički instrumenti
instrument de músicá

zvučnik
altaveu

bubnjevi
bateria

gitara
guitarra

kontrabas
contrabaix

truba
trompeta

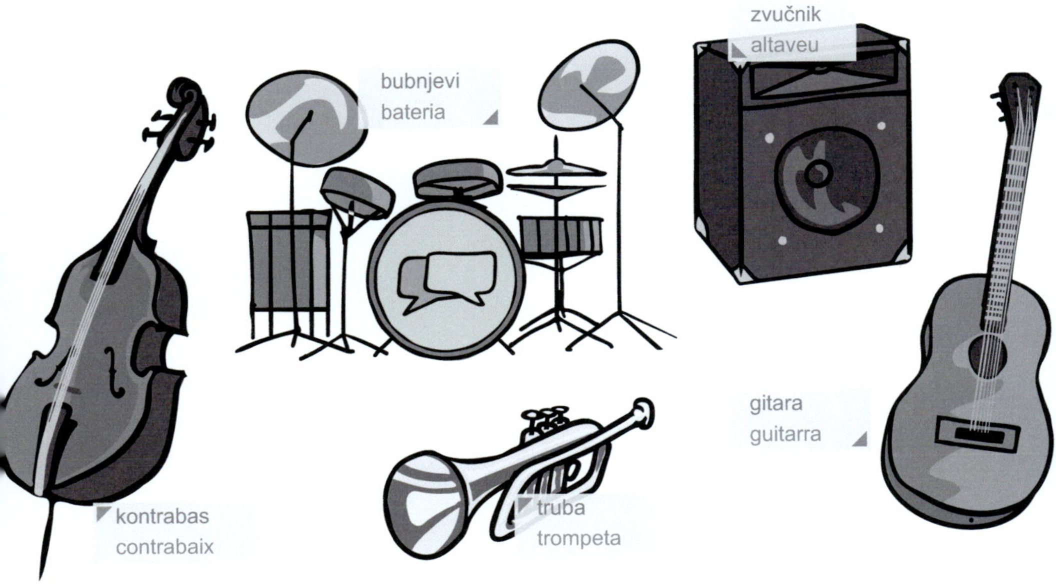

klavir

piano

violina

violí

bas

baix

bubanj timpani

timbal

bubanj

tambor

sintisajzer

teclat

saksofon

saxofon

flauta

flauta

mikrofon

micròfon

zološki vrt

zoo

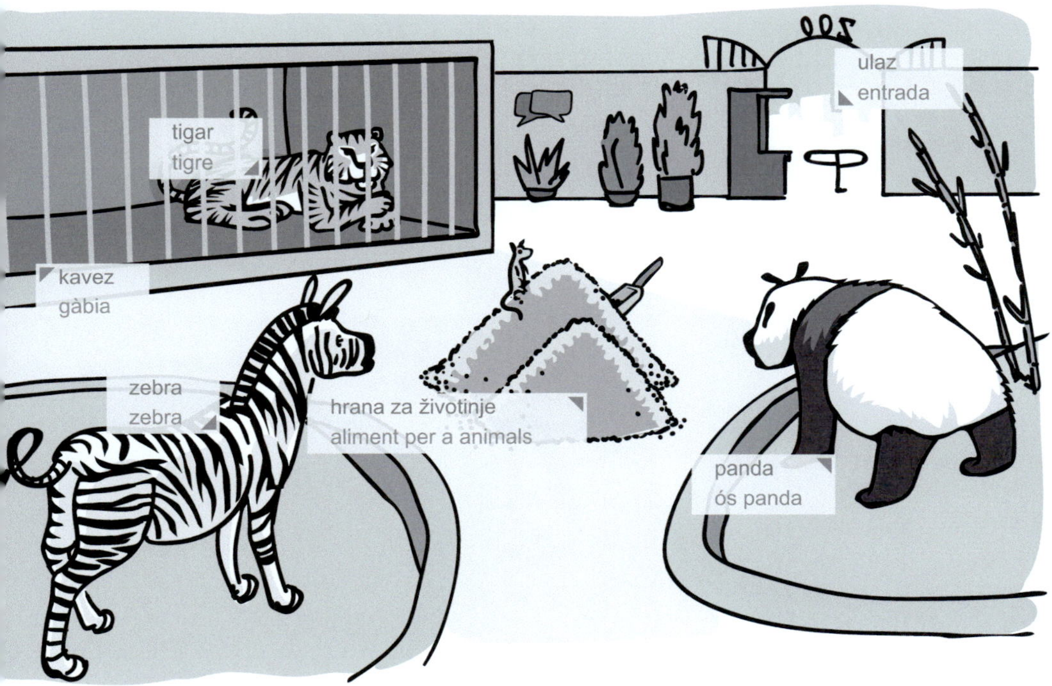
zoo
ulaz
entrada
tigar
tigre
kavez
gàbia
zebra
zebra
hrana za životinje
aliment per a animals
panda
ós panda

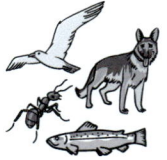

životinje

animals

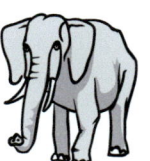

slon

elefant

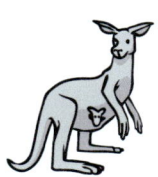

kengur

cangurú

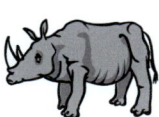

nosorog

rinoceront

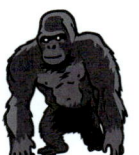

gorila

goril·la

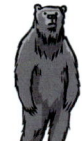

medvjed

ós

kamila

camell

noj

estruç

lav

lleó

majmun

simi

flamingo

flamenc

papagaj

papagai

polarni medvjed

ós polar

pingvin

pingüí

morski pas

ca mari

paun

paó

zmija

serp

krokodil

cocodril

čuvar u zološkom vrtu

guardià del zoo

tuljan

foca

jaguar

jaguar

poni

poni

leopard

lleopard

nilski konj

hipopòtam

žirafa

girafa

orao

àliga

divlja svinja

senglar

riba

peix

kornjača

tortuga

morž

morsa

lisica

guineu

gazela

gasela

američki fudbal
futbol americà

vožnja bicikla
ciclisme

tenis
tenis

košarka
bàsquet

plivanje
natació

boks
boxa

hokej na ledu
hoquei sobre gel

fudbal
futbol americà

bedminton
bàdminton

laka atletika
atletisme

rukomet
handbol

skijanje
esquí

polo
polo

smijati se
riure

skakati
saltar

zagrliti
abraçar

ići
anar

pjevati
cantar

sanjati
somiar

moliti
pregar

ljubiti
fer un petó

pisati
escriure

crtati
dibuixar

pokazati
mostrar

gurati
pitjar

dati
donar

uzeti
prendre

imati
tenir

raditi
fer

biti
ésser

stajati
estar dret

trčati
córrer

vući
estirar

baciti
llançar

pasti
caure

ležati
jeure

čekati
esperar

nositi
portar

sjediti
asseure's

obući
vestir-se

spavati
dormir

probuditi
despertar-se

aktivnosti - activitats

pogledati

mirar

plakati

plorar

milovati

amoixar

češljati

pentinar

govoriti

parlar

razumjeti

comprendre

pitati

demanar

slušati

escoltar

piti

beure

jesti

menjar

pospremiti

endreçar

voljeti

estimar

kuhati

cuinar

voziti

conduir

letjeti

volar

aktivnosti - activitats

jedriti

navegar

računati

calcular

čitati

llegir

učiti

aprendre

raditi

treballar

vjenčavti

casar-se

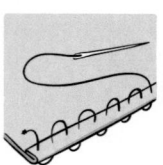

šiti

cosir

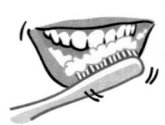

prati zube

raspallar-se les dents

ubiti

matar

pušiti

fumar

slati

enviar

aktivnosti - activitats

baka
àvia

djed
avi

otac
pare

beba
nadó

majka
mare

kćerka
filla

sin
fill

gost

convidat

ujna, tetka, strina

tia

ujak, tetak, stric

oncle

brat

germà

sestra

germana

tijelo

cos

čelo
front
oko
ull
lice
cara
brada
barbeta
grudi
pit
prst
dit
ruka, šaka
mà
ruka
braç
leđa
espatlla
noga
cama

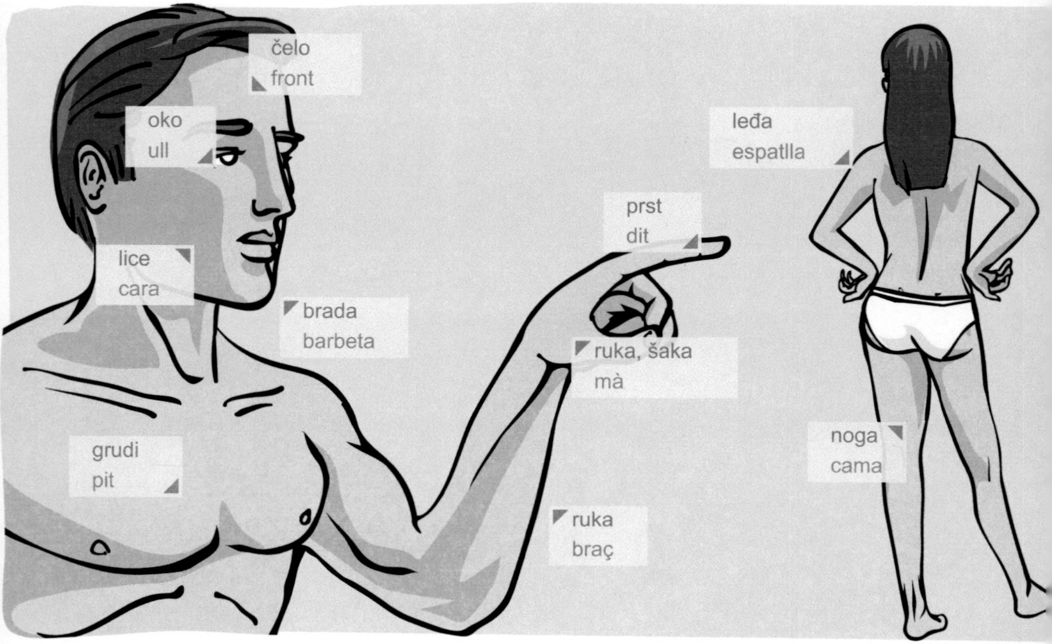

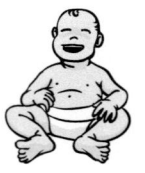

beba
nadó

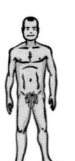

muškarac
home

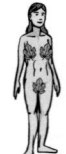

žena
dona

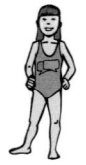

djevojčica
noia

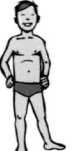

dječak
noi

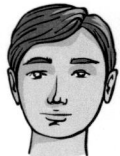

glava
cap

leđa

esquena

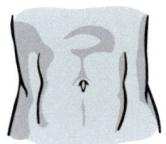

stomak

panxa

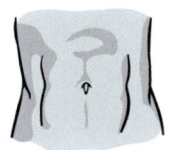

pupak

melic

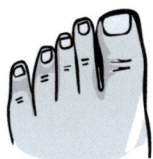

nožni prst

dit gros del peu

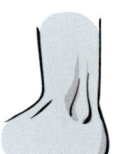

peta

taló

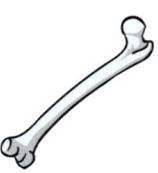

kosti

os

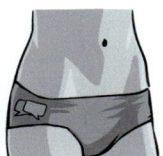

kuk

maluc

koljeno

genoll

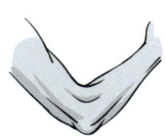

lakat

colze

nos

nas

stražnjica

cul

koža

pell

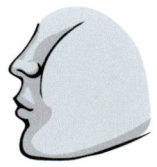

obraz

galta

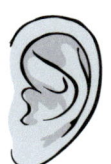

uho

orella

usna

llavi

usta
boca

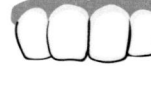

zub
dent

jezik
llengua

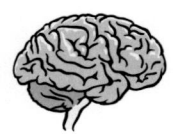

mozak
cervell

srce
cor

mišić
múscul

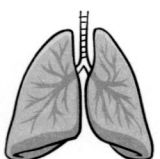

pluća
pulmó

jetra
fetge

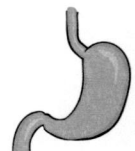

želudac
estómac

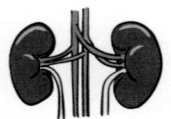

bubreg
ronyó

spolni odnos
relació sexual

kondom
preservatiu

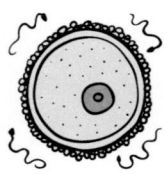

jajna ćelija
ovari

sperma
semen

trudnoća
prenyat

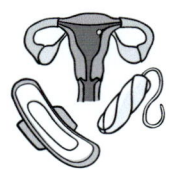

menstruacija

menstruació

vagina

vagina

penis

penis

obrva

cella

kosa

cabells

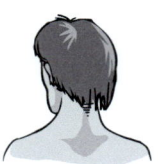

vrat

coll

bolnica
hospital

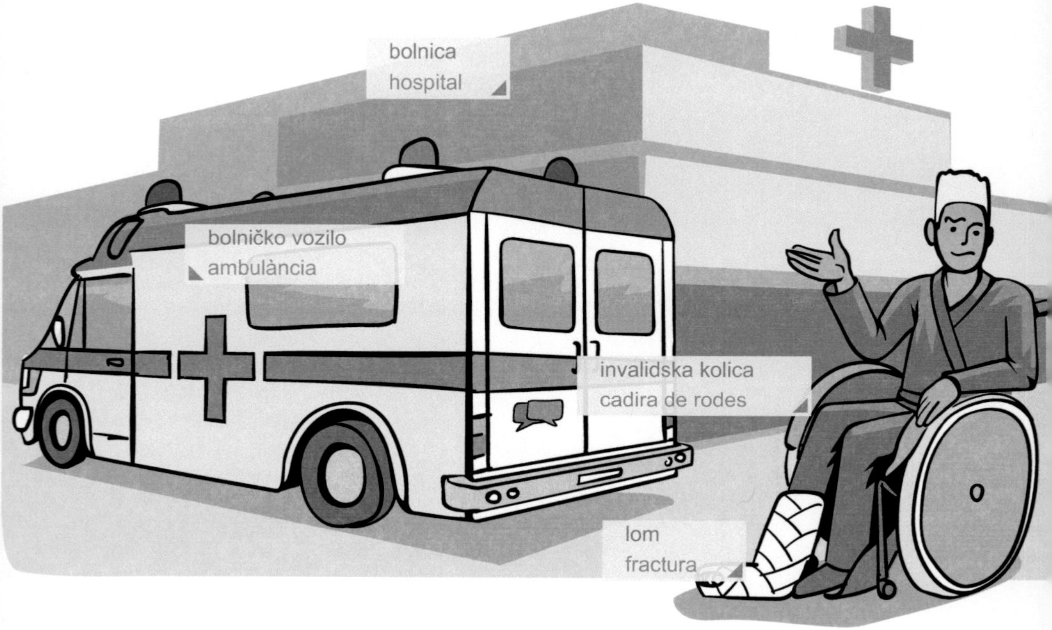

bolnica
hospital

bolničko vozilo
ambulància

invalidska kolica
cadira de rodes

lom
fractura

ljekar

doctora

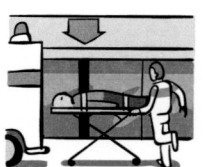

hitna služba

sala d'urgències

medicinska sestra

infermera

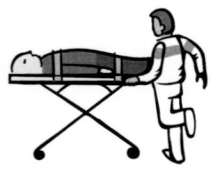

hitna pomoć

urgència

nesvjest

inconscient

bol

dolor

povreda

ferida

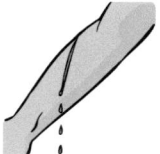

krvarenje

sagnament

srčani udar, infarkt

atac de cor

moždani udar

apoplexia

alergija

al·lèrgia

kašalj

tos

groznica

febre

gripa

gripa

proljev

diarrea

glavobolja

mal de cap

rak

càncer

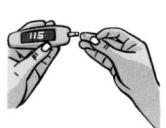

dijabetes

diabetis

hirurg

cirurgià

skalpel

escalpel

operacija

operació

CT
tomografia computada (TC), TAC

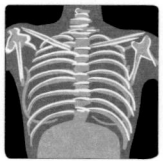

rendgen
raigs x

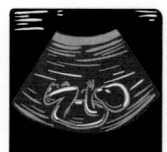

ultrazvuk
ultrasò

maska
mascareta

bolest
malaltia

čekaonica
sala d'espera

štake
crossa

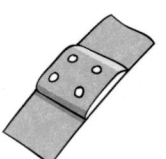

flaster
tireta

zavoj
embenat

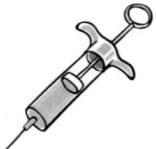

injekcija
injecció

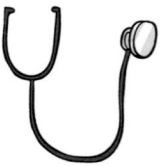

stetoskop
estetoscopi

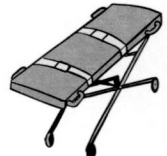

nosilo
llitera

termometar
termòmetre clínic

porod
pariment

prekomjerna težina, debljina

sobrepès

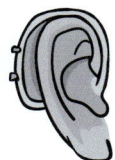

slušni aparat

aparell auditiu

sredstvo za dezinfekciju

desinfectant

infekcija

infecció

virus

virus

HIV/ AIDS

VIH / SIDA

medicina

medicina

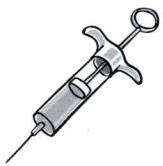

vakcinacija

vaccí

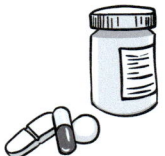

tablete

comprimits

pilula

píl·lola

hitni poziv

trucada d'urgència

aparat za mjerenje pritiska

tensiòmetre

bolestan / zdrav

malalt / sà

Upomoć!

Socors!

alarm

alarma

napad, prepad

assalt

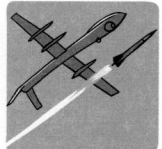

napad

atac

opasnost

perill

izlaz u slučaju opasnosti

sortida-eixida d'urgència

Požar!

Foc!

vatrogasni aparat

extintor

nezgoda

accident

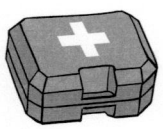

torba prve pomoći

farmaciola de primers
auxilis

SOS

SOS

policija

policia

Europa

Europa

Sjeverna Amerika

Amèrica del Nord

Južna Amerika

Amèrica del Sud

Afrika

Àfrica

Azija

Àsia

Australija

Austràlia

Atlantik

Atlàntic

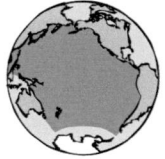

Pacifik

Pacífic

Indijski okean

Oceà Índic

Antarktički okean

Oceà Antàrtic

Arktički okean

Oceà Àrtic

Sjeverni pol

pol nord

Južni pol

pol sud

Antarktik

Antàrtida

Zemlja

terra

zemlja

país

more

mar

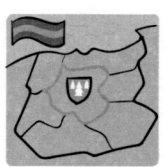

ostrvo

illa

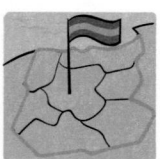

nacija

nació

država

estat

brojčanik sata

quadrant

kazaljka sata

agulla de les hores

kazaljka minute

agulla dels minuts

kazaljka sekunde

agulla dels segons

Koliko je sati?

Quina hora és?

dan

dia

vrijeme

temps

sada

ara

digitalni sat

rellotge digital

minuta

minut

sat

hora

ponedjeljak
dilluns
MO

W srijeda
dimecres

petak
divendres
FR

TU

TH

subota
dissabte
SA

utorak
dimarts

četvrtak
dijous

nedjelja
diumenge
SO

juče
ahir

danas
avui

sutra
demà

jutro
matí

podne
migdia

veče
tarda

radni dani
dia feiner

vikend
cap de setmana

kiša
pluja

duga
arc de Sant Martí

snijeg
neu

vjetar
vent

proljeće
primavera

jesen
tardor

ljeto
estiu

zima
hivern

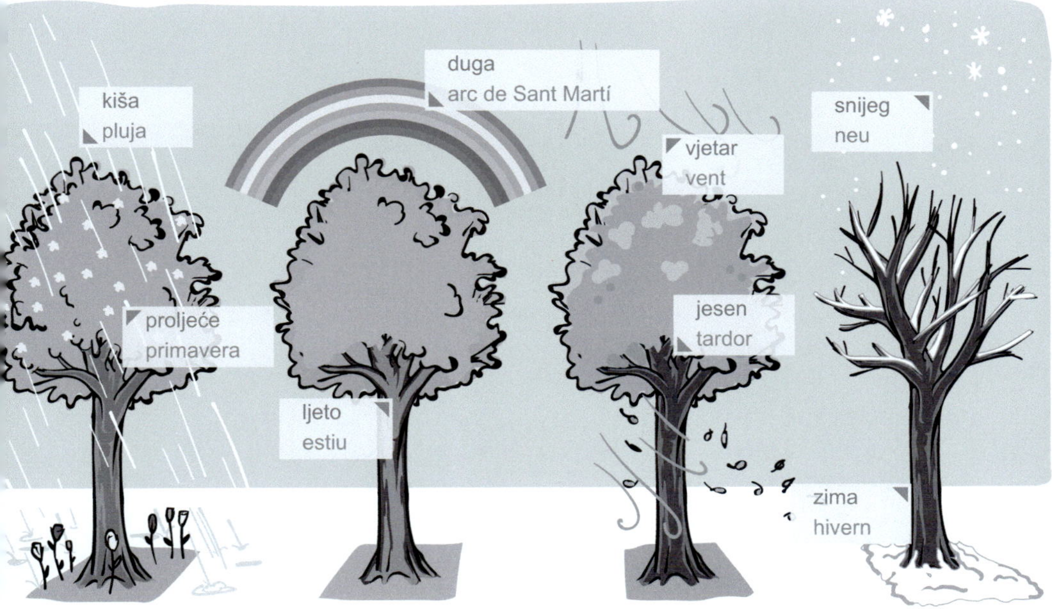

prognoza vremena

pronòstic del temps

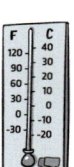

termometar

termòmetre

sunčev sjaj

llum del sol

oblak

núvol

magla

boira

vlažnost vazduha

humiditat de l'aire

munja

llamp

grom

tro

oluja

tempesta

tuča, led

calamarsa

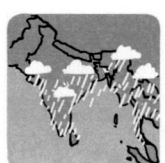

monsun

monsó

poplava

inundació

led

gel

januar

gener

februar

febrer

mart

març

april

abril

maj

maig

juni

juny

juli

juliol

avgust

agost

septembar

setembre

oktobar

octubre

novembar

novembre

decembar

desembre

oblici

formes

krug

cercle

kvadrat

quadrat

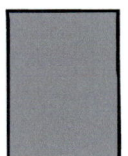

pravougao

rectangle

trougao

triangle

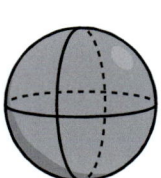

kugla

esfera

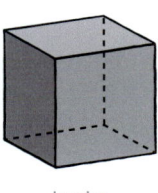

kocka

cub

bjel

blanc

žut

groc

narandžast

taronja

pink

rosa

crven

vermell

ljubičast

lila

plav

blau

zelen

verd

smeđ

marró

siv

gris

crn

negre

malo / mnogo

molt / poc

ljutit / miran

emprenyat / tranquil

lijep / ružan

bonic / lleig

početak / kraj

començament / fi

veliki / mali

gran / petit

svijetlo / tamno

clar / fosc

brat / sestra

germà / germana

čist / prljav

net / brut

potpun / nepotpun

complet / incomplet

dan / noć

dia / nit

mrtav / živ

mort / viu

široko / usko

ample / estret

ukusno / neukusno

comestible / immenjable

zao / prijatan

dolent / amable

uzbuđen / dosadan

entusiasmat / entediat

debeo / mršav

gros / prim

najprije / najkasnije

primer / darrer

prijatelj / neprijatelj

amic / enemic

pun / prazan

ple / buit

trvd / mekan

dur / tou

težak / lagan

pesant / lleuger

glad / žeđ

gana / set

bolestan / zdrav

malalt / sà

ilegalan / legalan

il·legal / legal

inteligentan / glup

intel·ligent / ximple

lijevo / desno

esquerra / dreta

blizu / daleko

prop / llunyà

nov / polovan

nou / usat

ništa / nešto

res / quelcom

star / mlad

vell / jove

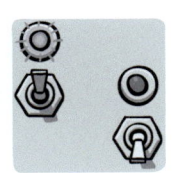

uključeno / isključeno

encès / apagat

otvoreno / zatvoreno

obert / tancat

tiho / glasno

silenciós / sorollós

bogat / siromašan

ric / pobre

tačno / pogrešno

correcte / incorrecte

hrapav / glatak

aspre / suau

tužan / srećan

trist / content

kratak / dug

curt / llarg

spor / brz

lent / ràpid

mokro / suho

humit / sec - eixut

toplo / hladno

calent / fred

rat / mir

guerra / pau

suprotnosti - oposats

0

nula

zero

1

jedan

u

2

dva

dos

3

tri

tres

4

četiri

quatre

5

pet

cinc

6

šest

sis

7

sedam

set

8

osam

vuit

9

devet

nou

10

deset

deu

11

jedanaest

onze

12

dvanaest

dotze

13

trinaest

tretze

14

četrnaest

catorze

15

petnaest

quinze

16

šesnaest

setze

17

sedamnaest

disset

18

osamnaest

divuit

19

devetnaest

dinou

20

dvadeset

vint

100

sto

cent

1.000

hiljada

mil

1.000.000

milion

milió

engleski

anglès

americki engleski

anglès americà

kinesko mandarinski

xinès mandarí

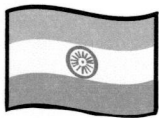

hindi

hindi

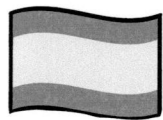

španski

espanyol

francuski

francès

arapski

àrab

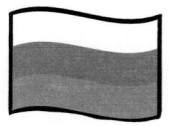

ruski

rus

portugalski

portuguès

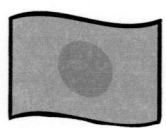

bengalski

bengalí

njemački

alemany

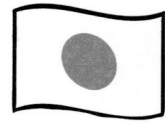

japanski

japonès

ja
jo

ti
tu

on / ona / ono
ell / ella / allò

mi
nosaltres

vi
vosaltres

oni
ells

ko?
qui?

šta?
què?

kako?
com?

gdje?
on?

kada?
quan?

ime
nom

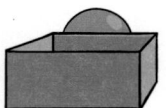

iza
darrere

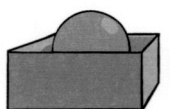

u
en

pred
davant de

iznad
damunt

na
sobre

ispod
sota

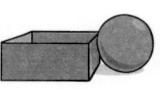

pored
al costat

između
entre

mjesto
lloc